57

EXTRAIT DU COMPTE RENDU

DES

SÉANCES ET TRAVAUX DE L'ACADÉMIE

DES SCIENCES MORALES ET POLITIQUES

PAR

MM. LOISEAU ET CH. VERGÉ

sous la direction

DE M. MIGNET

SECRÉTAIRE PERPÉTUEL DE L'ACADÉMIE

MÉMOIRE

SUR LA RÉVOCATION

DES DONATIONS

PAR SURVENANCE D'ENFANTS,

PAR M. BERRIAT SAINT-PRIX,

Lu le 24 août 1844.

Dans un Mémoire sur la *Durée et la suspension de la prescription* (in-8°, Paris, 1841), dont une partie a été imprimée parmi ceux dont se compose le tome III de l'Académie (p. lix et suivantes), nous soutenons que plusieurs des vices de nos lois sont dus à l'ignorance des principes de l'économie politique ou sociale. Nous excusons, à cet égard, les législateurs anciens sur ce que cette science leur était inconnue, et les législateurs français du XVIIIe siècle, sur ce que les ouvrages anglais, où l'on commença à en établir les éléments, n'étaient pas répandus dans notre pays, ou même y étaient défendus par l'autorité publique; faisant observer d'ailleurs, que les ministres ou autres grands fonctionnaires, pour lesquels cette défense n'existait pas, ne profitaient guère de leur prérogative. Nous citons, pour exemple, d'Aguesseau, sans doute ministre probe et consciencieux, magistrat fort distingué et bon jurisconsulte; mais, sous ce dernier rapport, s'attachant trop rigoureusement à des principes abstraits de droit, et ne s'inquiétant pas des inconvénients de leur application stricte pour le corps social, comme il l'aurait fait, s'il avait un peu étudié les ouvrages étrangers cités précédemment.

Nous trouvons la preuve de son incurie sur ce point, dans l'étrange loi où, adoptant une interprétation fort douteuse, donnée à une décision du droit romain par de vieux jurisconsultes français, et partiellement consacrée chez nous par une jurisprudence qui s'était formée dans des temps peu éclairés sur les véritables intérêts du corps social; jurisprudence qu'il repousse même dans le petit nombre de points favorables à ces intérêts, lorsqu'elle ne s'accorde pas exactement avec le principe de droit tiré de l'interprétation dont nous venons de parler; d'Aguesseau, disons-nous, déclare qu'une donation faite par un homme sans enfants, et les charges et hypothèques établies par le donataire, seront anéanties à l'instant où il sera ensuite survenu un enfant légitime au donateur, ou bien, où il aura légitimé un enfant naturel.

Tel est, en effet, en substance, ce que prescrit une des ordonnances de Louis XV, rédigées par d'Aguesseau, celle de 1731, à son article 39, copié à peu près dans l'article 960 du Code civil; et cette ordonnance ajoute dans trois articles (42, 43 et 45), également copiés dans le Code civil (art. 963, 964 et 966), que la mort de l'enfant survenu, en faveur duquel on établit la révocation, n'empêchera point cette révocation; que les biens compris dans la donation révoquée, reviendront dans le patrimoine du donateur, libres de toutes charges et hypothèques, du chef du donataire, et que l'action en révocation durera trente années, à partir de la naissance du dernier enfant survenu.

Notre Mémoire a reçu l'honneur de quelques critiques, soit dans une analyse fort étendue qu'en donne l'*Ameri-*

can Themis monthly journal of jurisprudence and judicature, publié à New-York (1844, p. 74 et suiv.), soit dans une traduction qu'en ont faite des magistrats du royaume des Deux-Siciles, et dont nous avons offert un exemplaire à l'Académie, le 13 juillet dernier (1).

Les remarques des jurisconsultes américains concernent surtout les règles de prescription relatives aux absents et aux mineurs... Nous pourrons y revenir dans un autre temps; aujourd'hui, nous nous bornerons à soumettre à l'Académie des observations sur la critique des traducteurs italiens, relative à la révocation des donations, parce que eux-mêmes expriment le désir de nous voir justifier notre sentiment (trad., p. 15, note *d*), simplement énoncé dans le Mémoire traduit.

Nous y avons qualifié d'*étrange* la loi sur cette révocation, rédigée par d'Aguesseau et reproduite par notre code. La qualification n'est pas trop rigoureuse; il suffit, pour s'en convaincre, de penser, d'une part, aux graves et nombreuses perturbations que l'application de la même loi peut jeter dans la société, par l'anéantissement de toutes les transactions de divers genres auxquelles la libéralité aura donné lieu; et, de l'autre, à l'unique et singulier avantage pour l'obtention duquel on s'expose aux mêmes perturbations, savoir: celui d'augmenter la part héréditaire d'enfants nés d'un mariage presque toujours contracté d'après des combinaisons immorales, ou pour satisfaire les passions les plus viles.

L'orateur du tribunat, Favard de Langlade, lors de la présentation de la loi, et tout en l'appuyant, eut la franche naïveté d'en convenir. « Plusieurs exemples ont prouvé,

(1) Memoria sopra la durata e la sospensione della prescrizione, del signor Berriat Saint-Prix.—Bari, 1844, in-8° de 98 pages.

« dit-il (séance du 13 flor. xj), que des donateurs, en « haine du donataire, ont eu recours au mariage, et « même à des mariages disproportionnés, pour avoir « un enfant qui ferait révoquer leur libéralité. »

Nous irons plus loin que Favard. Nous rapporterons avec détails deux anecdotes qui prouvent qu'il n'a ni qualifié assez énergiquement les exemples dont il parle d'une manière si vague, ni entrevu les conséquences funestes de cette loi.

Un riche propriétaire, parvenu à soixante-dix ans, après quarante années de mariage sans enfants, donne tous ses biens à son plus proche parent, en le mariant à la plus proche parente de sa femme, disposition fort sage, car elle ne faisait qu'anticiper sur ce que la loi aurait décidé elle-même à la mort du donateur et de sa femme.

Plusieurs années s'écoulent : le donnataire contracte des emprunts; il donne pour garantie une hypothèque sur les biens donnés : que pouvaient craindre les prêteurs dans un tel état de choses ?

Point du tout : à quatre-vingt-deux ans, le donateur devint veuf. Il était déjà en froideur avec son donataire : l'intrigue envenime leurs démêlés, et une dame d'une classe élevée, mais peu favorisée de la fortune, le conduit à l'autel avec une jeune fille de vingt ans. On se permet de demander à cette dame pourquoi elle sacrifie ainsi la jeune personne, en la jetant, pour ainsi dire, dans les bras d'un octogénaire? Elle répond, sans hésiter et avec le sang-froid et l'assurance propres aux femmes de son rang : Soyez tranquille, ma fille Isabelle a de l'esprit; elle aura, j'en serais volontiers caution, elle aura un enfant dans neuf mois.

L'enfant prophétisé survint en effet. La donation était par là même révoquée. L'ordonnance copiée dans notre code ne laissait point de place au plus léger doute à cet égard; mais le malheureux, au moment d'un naufrage imminent, cherche toujours à lutter contre le destin. Le donataire et ses créanciers espérèrent que, révoltés de la manœuvre scandaleuse qui entraînait leur ruine, les juges fermeraient un peu les yeux sur l'application d'une règle aussi fâcheuse. On plaida et replaida; on épuisa toutes les juridictions. Après avoir succombé sur le maintien de la donation, on contesta sur ses clauses particulières; puis sur l'exécution de l'arrêt révocatoire... Ces débats judiciaires, commencés sous un des parlements du midi de la France avant la révolution de 1789, purent à peine, au bout de trente années, être terminés sous une cour impériale, et ils eurent le résultat suivant : Non-seulement le désastre auquel le donataire et ses créanciers avaient voulu échapper fut complet, mais encore une portion de la valeur des biens remis à l'enfant miraculeux de la fille d'esprit alla successivement alimenter les caisses des receveurs du contrôle et du timbre et des préposés de la régie des domaines, ou grossir le pécule des greffiers, des huissiers, des procureurs et des avoués.

Un fabricant d'étoffes, célibataire, fait à un de ses parents une donation d'une grande partie de ses biens. Au bout de quelques années, des différends s'élèvent entre le donateur et le donataire. Le donateur se marie, afin de faire révoquer la donation par une survenance d'enfant.

Son projet fut déçu par un événement au-dessus de sa prévision, ou plutôt de toute prévision; car, malgré les progrès immenses faits depuis le commencement de notre siècle par la physiologie, ses plus habiles adeptes conviennent que leur science ne fournit à peu près aucun document sur la conception et ses mystères : le mariage destiné à opérer la révocation désirée par le fabricant fut absolument stérile.

Mais les hommes mus par de mauvaises passions manquent rarement de conseils perfides, pour leur indiquer les moyens de se satisfaire. Le fabricant apprend que, grâce à la loi dont nous parlons, la naissance d'un enfant, lors même qu'elle serait suivie presque aussitôt de sa mort, suffit pour révoquer sa donation. Il prend alors le parti de se supposer une paternité. Le 23 juin 1830, il annonce à la mairie de sa commune que sa femme est accouchée, le 22, d'une fille à laquelle il impose un prénom; en un mot, il fait une déclaration régulière de naissance; et le lendemain 24, il fait une autre déclaration non moins régulière de la mort de cette fille imaginaire.

Le donataire ne voulant pas se laisser dépouiller, et surtout par de semblables manœuvres, porte une plainte. Une instruction criminelle se fait contre le fabricant et sa femme, et le 17 février 1831, la cour royale de Grenoble rend un arrêt par lequel ils sont renvoyés devant la cour d'assises des Hautes-Alpes, comme accusés, savoir : le mari, d'avoir fait sciemment deux déclarations fausses; et la femme, de l'avoir assisté aussi sciemment dans les faits qui ont préparé ces deux crimes (sans doute parce qu'elle avait simulé une grossesse). Ils se pourvoient contre cet arrêt; mais leur pourvoi, d'après des motifs qu'il est inutile de rappeler, est rejeté par la cour suprême, au bout d'un mois et demi... Enfin, la cour d'assises des Hautes-Alpes, le 6 juin de la même année 1831, acquitte la femme du donateur, et condamne celui-ci à cinq ans de travaux forcés, à l'exposition et à la marque, peine qui n'était pas encore abrogée.

De tels faits suffiraient, à notre avis, et sans qu'il fût

besoin d'y joindre un commentaire, pour faire apprécier la législation dont ils furent les résultats déplorables.

Mais, observera peut-être quelque auditeur morose, quelqu'un de ces nombreux prôneurs du temps passé, vos deux exemples se rapportent à des époques récentes; or, selon un grand poëte,

> Nos pères, plus méchants que n'étaient nos aïeux,
> Ont eu pour successeurs des enfants plus coupables,
> Et qui seront suivis par de pires neveux;

on pourrait donc supposer qu'au temps où s'est formée la jurisprudence, régularisée dans la suite par d'Aguesseau, l'on ne voyait pas des faits aussi condamnables. Nous en sommes fâchés pour les beaux vers de Malherbe; l'espèce d'adage qu'ils énoncent, ne se trouve pas plus exact en matière de révocation de donation pour survenance d'enfants, que dans une multitude d'autres cas. Un simple coup d'œil sur une page du *Dictionnaire de Brillon* (t. II, p. 806) nous le prouve; car on nous y signale quatre ou cinq mariages des XVIe et XVIIe siècles, contractés dans le dessein d'opérer des révocations de donations, et, en outre, accompagnés de circonstances scandaleuses, puisqu'ils furent célébrés avec des concubines dont les époux donateurs avaient déjà des enfants; et l'on nous y apprend aussi que pour la célébration de ces frauduleux mariages, l'on avait attendu le moment où les concubinaires donateurs étaient sur le point d'expirer, en un mot, le jour même de leur décès : de sorte qu'on avait évidemment abusé de la faiblesse où ils étaient placés par leur âge ou leur état de maladie.

La législation dont nous parlons était donc jadis, comme à présent, la cause occasionnelle d'actes d'une immoralité révoltante; et nous pouvons l'assurer, sans avoir besoin de citer ceux d'une personne d'un tout autre rang que le fabricant d'étoffes, la duchesse de Rohan, veuve du membre le plus illustre de cette grande famille, qui, au milieu du XVIIe siècle, avait donné l'exemple d'une supposition d'enfants ; parce que cette supposition, reconnue et réprouvée au parlement de Paris (arrêt du 26 février 1646), n'avait qu'indirectement pour but la révocation de donation demandée ensuite par la duchesse. (GAULTIER, *plaidoyers*, t. I, p. 291 et suiv.)

Cette législation se recommande-t-elle au moins, soit par la nécessité ou l'utilité des règles qu'elle établit, soit par les lumières, en droit et en jurisprudence, des auteurs auxquels elle fut empruntée ? En aucune manière !

Et d'abord, quant aux auteurs, comme on sait que cette législation a été puisée dans le droit romain, l'on est porté tout de suite à diriger sa pensée vers les grands jurisconsultes qui ont fourni presque toutes les décisions de ce droit.... ces décisions, passées aujourd'hui, à cause de leur extrême sagesse, dans les lois de presque toutes les nations, mêmes les plus éclairées de l'Europe moderne... On est porté à nommer quelqu'un de ces Papinien, Julien, Ulpien, Paul, Pomponius, Scævola, Labéon, Gaïus, Modestin, dont les réponses, les principes, les maximes, jouissent encore d'une si grande autorité dans les débats judiciaires.

Mais il faut bientôt revenir d'une illusion semblable. Le bel âge, l'âge d'or de la jurisprudence, nous l'avons remarqué ailleurs (*Histoire du droit romain*, 1821, p. 86), disparut en quelque sorte avec Modestin, vers le tiers du IIIe siècle de notre ère. Pendant les soixante-dix années qui suivirent, elle éprouva une espèce d'éclipse ; et dans le IVe siècle, on compta à peine un jurisconsulte, Hermogénien, dont Jacques Godefroi a dit : *Stylus intricatus*, *horridus et barbarus Hermogeniani facit judicium seculi ejus* (Cod. Théod., prolégom., chap. Ier, 1665, t. Ier, p. lxxxij). Or, c'est vers le milieu du même siècle (en 355) que parut la fameuse loi *si unquam* 8, au Code *de Revocandis donationibus* (lib. VIII, tit. 56), celle qui attribue à une survenance d'enfants au donateur l'effet d'opérer la révocation de ses donations; et son auteur ne fut pas un des plus éclairés de ces princes, en général médiocres, qui régnèrent sur l'Empire, depuis la translation de son siége à Constantinople. Il s'agit de Constance (*Voyez* Godefroi, *sup.*, II, p. 626), second fils de Constantin, dont l'histoire n'a pas fait un portrait fort avantageux.

Malgré cette observation, la loi de Constance n'est pas susceptible de critique, comme celle qu'on lui a mal à propos empruntée. Les donations, en effet, dont elle décide la révocation par une survenance d'enfants au donateur, sont uniquement les donations faites par des patrons à leurs affranchis : *Si unquam libertis patronus, filios non habens, bona omnia vel partem fuerit donatione largitus et postea susceperit liberos, totum quidquid largitus fuerat revertatur in ejusdem donatoris arbitrio..... mansurum.* Or, comme l'observait déjà le plus savant interprète des lois du Bas-Empire, Jacques Godefroi (*sup.*, II, p. 626 à 629, *ad h. l.*), et cela, deux siècles avant la découverte du document précieux dont nous parlerons bientôt, l'affranchissement établissait, entre les patrons et leurs anciens esclaves, des liens extraordinaires, des liens tout à fait exceptionnels et qu'on ne saurait comparer à d'autres. L'affranchi était tenu, non-seulement d'honneur, de respect, de secours et d'aliments envers son patron, comme un fils envers son père, mais il devait lui fournir son travail, son industrie, *operas et ministerium*, et même, dans quelques cas, lui donner ses propres biens. Enfin, il aurait paru tout à fait étrange qu'une famille patricienne, tombée dans la misère, fût fixée à cette position fâcheuse, tandis que, grâce à cette famille, ses affranchis étaient dans l'opulence; et rien ne pouvait d'ailleurs entrer en balance avec le bienfait inestimable de la liberté dont ils lui étaient redevables.

Il n'était donc point étonnant, remarque encore Godefroi, que, lorsqu'un patron faisait une libéralité à son affranchi, la loi admît qu'elle fût implicitement faite sous cette condition sous-entendue, *si liberos non habuerit*, et, par conséquent, sous la condition tacite qu'elle serait révoquée s'il survenait des enfants au patron donateur. . . condition tacite que quelques-uns de nos vieux jurisconsultes, et successivement d'Aguesseau, ont supposée être inhérente aux donations modernes, quoique nos donateurs et donataires soient entre eux dans une position bien différente que ne l'étaient aussi entre eux les patrons et les affranchis.

Le document dont nous avons parlé, découvert il y a une vingtaine d'années dans les manuscrits du Vatican, par notre illustre et savant collègue le cardinal Maï (1), a changé en certitude les conjectures de Jacques Godefroi. On y trouve, en effet, une disposition antérieure d'un siècle à la loi *si unquam*, et d'après laquelle il suffisait d'un simple changement de volonté du patron pour révoquer la donation faite en faveur de l'affranchi; *et si perfectis donationibus*, y dit Philippe, *libertus.... ea quæ sibi donata sunt, pleno jure ut dominus possiderit, tamen omnis donatio mutata patronorum voluntate, revocanda* (est) *sit.*

---

(1) *Fragmenta vaticana*, publiés en 1823 dans la *Thémis*, et en 1838, dans le *Jus antejustinianeum*, de M Blondeau. La constitution de Philippe, que nous rapportons au texte, est dans le dernier ouvrage, p. 376, § 272. Elle est de l'an 249, et la loi *si unquam*, de l'an 355.

Il est donc évident que la loi *si unquam* était tout simplement une application surabondante d'une règle générale (1). Et pour le faire observer par anticipation, les tiers qui auraient été portés à contracter avec l'affranchi donataire, ne pouvaient point s'y déterminer par la considération que les biens donnés leur serviraient de gage, puisqu'ils savaient, d'après la même règle, qu'ils étaient exposés, par un simple changement de volonté du patron donateur, à se voir enlever une semblable garantie ; tandis qu'à présent les tiers peuvent être induits à des transactions de tout genre avec le donataire, par l'espoir qu'un donateur âgé ou marié sans enfants n'en aura point à l'avenir.

Examinons à présent comment on a été amené à induire d'une disposition si exceptionnelle, une disposition concernant uniquement des patrons, à en induire, disons-nous, une règle applicable aux donations faites par d'autres personnes, et à les rendre révocables par une survenance postérieure d'enfants. Les interprètes du moyen âge ont été fort partagés sur ce point. Enfin, l'explication de l'un des plus érudits d'entre eux, le fameux Tiraqueau, dont la fécondité de tout genre est si connue, et qui applique la loi *si unquam* aux donations faites par toutes sortes de personnnes, l'a emporté sur l'interprétation

(1) Il n'était donc pas besoin d'admettre, avec les interprètes français du droit romain, comme Godefroi et autres, que les donations des patrons aux affranchis étaient faites sous la condition tacite *si liberos non habuerit...* Mais, dans tous les cas, c'est uniquement pour ces espèces de donations, que les Romains avaient pu sous-entendre la même condition tacite. Jaubert s'est donc étrangement trompé, lorsqu'il a dit, dans son rapport au tribunat (séance du 9 floréal an XI), sur la loi concernant les donations : « ... C'est avec grande raison que les Romains « avaient dit que la condition de révocation pour survenance d'enfants « était sous-entendue dans une donation... » Il n'y a pas un mot de cela dans le droit romain.

raisonnable de ses adversaires, si bien établie au bout d'un siècle par Jacques Godefroi.

Nous avons eu la patience de parcourir l'énorme commentaire de Tiraqueau sur la loi *si unquam*. Il n'a pas moins de 382 pages in-folio (Lyon, 1574), grande justification, et comme les cinq sixièmes au moins se composent de citations fort abrégées, ce commentaire, si on les écrivait tout au long, formerait peut-être huit cents pages grand in-folio.... Tiraqueau a eu le secret d'enfanter un tel travail sur une loi qui occupe à peine quatre ou cinq lignes d'une colonne in-4° du *Corpus academicum*, et qui n'en remplirait pas trois de son in-folio.

La raison principale, d'après laquelle Tiraqueau paraît s'être déterminé, et qu'il énonce dès le début (p. 58, n° 1), est vraiment curieuse. A quoi, dit-il, la loi *si unquam* pourrait-elle nous servir aujourd'hui, si on ne l'appliquait pas aux donations des personnes libres, puisque nous n'avons plus qu'infiniment peu d'esclaves et d'affranchis, si même il en existe, tandis qu'autrefois il y en avait plus que d'hommes libres?.. *Quid profutura est lex nostra, si ad patronos tantum et libertos pertineat, cujus modi hodie pauci sunt in toto orbe christiano, si qui sunt, cum e diverso, tempore nostrarum legum, prope plures erant servi, ac liberti quam ingenui?* On ne saurait, sans contredit, plus puissamment raisonner. D'après un tel système, il faudrait donc appliquer aujourd'hui tant de milliers de lois publiées depuis 1789, et qui ont disparu avec les circonstances pour lesquelles elles avaient été faites, et les appliquer, pour qu'elles pussent servir à quelque chose!

La jurisprudence des parlements, sauf toutefois bien des variantes, finit par consacrer l'opinion soutenue par Tiraqueau. Il eût été nécessaire d'examiner les *espèces* des causes jugées par les premiers arrêts, pour voir quels motifs avaient déterminé les parlements à adopter une semblable opinion... Le temps ne nous a pas permis une recherche, non-seulement très-longue, mais encore fort difficile, parce que Brillon se borne à parler vaguement (t. II, p. 606) d'arrêts anciens, sans indiquer, comme il le fait pour les arrêts relatifs à d'autres matières, soit leur date, soit les ouvrages où ils sont rapportés.

Nous croyons seulement avoir entrevu que quelques familles anciennes, pour faire rentrer des biens dans leur patrimoine et s'assurer une existence plus brillante, avaient eu de l'influence sur la première jurisprudence des parlements, relative à la révocation des donations, et par là même sur trois coutumes (Nivernais, Bourbonnais et Normandie) mises par écrit, au temps de cette jurisprudence, parce que les magistrats appelés à concourir à la rédaction de ces coutumes y avaient exercé aussi beaucoup d'influence. Cette jurisprudence, nous l'avons fait observer, offrait bien des variantes, et, il faut le dire, elle était, sous plusieurs rapports, moins désavantageuse au corps social que la loi de d'Aguesseau copiée dans notre code. Selon beaucoup d'auteurs, en effet, la révocation établie par la loi *si unquam* devait se restreindre aux donations universelles, ou au moins aux donations d'une forte quote-part des biens, et elle était inapplicable aux donations, soit inférieures à la moitié des biens, soit se bornant à une somme d'argent ou à un objet déterminé (Voyez Furgole, *Ordonn.* 1731, art. 39, édit. de 1775, t. V, p. 312.) Bien plus, des arrêts, même rendus en robes rouges, avaient consacré plusieurs points de cette doctrine, entre autres celui qui concernait les donations peu considérables (Papon, liv. XI, tit. I, n° 20, édition de 1608, p. 620). Enfin; d'autres arrêts avaient repoussé la révocation, lorsque l'enfant dont la survenance devait l'occasionner, était mort avant son père donateur, et que celui-ci avait laissé jouir le donataire sans se plaindre. (Brillon, p. 805.)

Par malheur, ces modifications, si avantageuses à la société, n'étaient pas en complète harmonie avec le principe de droit adopté par d'Aguesseau, avec la supposition que toute donation émanée d'un homme sans enfants, était faite tacitement sous la condition *si liberos non habuerit;* et, en conséquence, il les repoussa toutes, soit en faisant comprendre, dans sa révocation, toutes les libéralités qu'on vient d'indiquer, et même, chose étrange, les donations rémunératoires ou faites en reconnaissance de services rendus (1), soit en maintenant cette révocation dans le cas où l'enfant survenu était mort presque aussitôt après sa naissance.

Il nous reste à examiner si la législation dont nous nous occupons peut se justifier par la nécessité ou l'utilité; en un mot, si les règles qu'elle établit, en appliquant à toutes les donations la révocation établie jadis pour les seules donations des patrons en faveur des affranchis, offrent des avantages de nature à faire fermer les yeux sur leurs inconvénients, déjà en grande partie indiqués.

Si le droit ou la jurisprudence eussent privé de toute ressource les enfants survenus au donateur après sa libéralité, même imprudente, nous concevrions qu'on permît de toucher à une donation, bien que, lorsqu'elle est faite librement, avec les formes prescrites, et a été acceptée par le donataire, et, enfin, insinuée ou transcrite, on y

---

(1) Le Code prussien (art. 1170) se borne à en autoriser la réduction, et encore pour la part seulement dont elles excèdent la moitié de la fortune du donateur. (Voyez *Concordance des Codes civils*, par M. Anthoine de Saint-Joseph, 1840, p. 51, et ci-après, note dernière.)

doive voir un contrat tout aussi irrévocable que quelque autre contrat que ce soit. Mais il n'en est point ainsi ; ces enfants tardifs avaient et ont encore le droit de faire réduire toutes les donations de leur père, de telle sorte qu'il leur reste sur ses biens la portion appelée autrefois légitime et aujourd'hui réserve. Et c'est aussi à ce droit que plusieurs conseillers d'État fort éclairés, les Treilhard, les Tronchet, les Bigot-Préameneu, les Regnault de Saint-Jean-d'Angely, proposaient de restreindre les enfants lorsqu'on discuta l'art. 960 du Code civil, dérivé de la loi *si unquam* et de l'ordonnance de 1731 ; mais leur proposition fut rejetée, moins peut-être à cause des observations assez peu solides de ses critiques, Maleville et Cambacérès, que parce qu'elle détruisait un système depuis longtemps établi et maintenu par un homme tel que d'Aguesseau, et qu'on n'avait point assez montré combien elle était préférable à ce système, en comparant, sous le point de vue de l'utilité sociale, leurs avantages et leurs inconvénients réciproques. (*Voyez* Locré, XI, p. 227 à 229.)

Sous ce rapport, il est juste de le remarquer ; d'Aguesseau mérite moins de reproches que la majorité du conseil d'État. De son temps, en effet, les pères qui avaient trois ou moins de trois enfants, pouvaient dans les pays de droit écrit, pays où étaient précisément domiciliés les deux donateurs indiqués au commencement de notre Mémoire, savoir le mari de la fille d'esprit, et le fabricateur d'actes de naissance et de décès, ces pères, disons-nous, pouvaient disposer en faveur d'un étranger, des douze dix-huitièmes de leurs biens. Si trois enfants fussent nés du mariage postérieur à la donation, chacun d'eux n'aurait eu le droit de la faire réduire que pour ses deux dix-huitièmes.... Était-il juste, put se dire d'Aguesseau, de ne leur laisser qu'une portion six fois moindre que celle du donataire étranger ?

Au contraire, sous le Code civil, la portion dont peut disposer le même père au profit d'un étranger, étant limitée à un quart, chacun des trois enfants aura autant que le donataire étranger, et il y avait ainsi bien moins de raison de révoquer la donation par la survenance postérieure d'enfants au donateur, et surtout de faire anéantir les charges et hypothèques créées de bonne foi par le donataire (1).

Nous sommes partis ici de la supposition la plus favorable au système des auteurs du code ; car il est bien évident que des donations émanant de célibataires ou de personnes sans enfants, ne seront presque jamais faites qu'à un âge fort avancé, et que, par conséquent, les mariages postérieurs ne produiront presque jamais une nombreuse famille.

Allons plus loin ; supposons que, de ce mariage tardif, il ne naisse qu'un seul enfant, comme cela est assez probable, parce qu'on aura dès lors atteint le but qu'on se proposait par ce mariage, c'est-à-dire la révocation de la donation ; la réserve de cet enfant sera de la moitié des biens, moitié qu'il est assuré d'obtenir en faisant réduire

(1) Frappés, sans doute, des perturbations que peut causer cette dernière règle, les rédacteurs des codes de Prusse et de Bade les ont prévenues en ne permettant pas la révocation, les premiers, lorsque la donation a été suivie de tradition, et les autres, lorsque le donateur s'est marié après la tradition. (*Concordance des Codes civils*, p. 50 et 120.)

D'autres codes, il est vrai, comme ceux de Sardaigne, de la Louisiane et du canton de Vaud, adoptent le système du nôtre ; mais, en premier lieu, un autre code, celui de Hollande, le rejette (*Id.*, p. 50 et 82, conf.) ; et, en second lieu, d'autres ne l'admettent qu'avec de grandes restrictions. Par exemple, celui d'Autriche ne l'autorise que pour le cas où le donateur est tombé dans l'indigence, et celui de Bavière, que pour les donations excédant 1,000 florins. (*Id.*, p. 50 et 51. — *Voyez* aussi, pour Naples, ci-après, note dernière.)

la donation. Eh bien, pour doubler la part de cet enfant, voilà le législateur qui frappe le donataire d'interdiction jusqu'à la mort du donateur, peut-être pendant vingt ou trente années ; car quel est l'individu qui osera lui faire des avances, à moins d'être assuré, chose à peu près impossible, soit que, devenu veuf, le donateur ne trouvera point d'intrigant ou d'intrigante disposés à profiter de la faiblesse attachée presque toujours à la décrépitude ; soit que le mariage auquel on entraînera ce vieillard sera stérile comme celui du fabricant d'étoffes, puisque, selon la réponse piquante du célèbre Corvisart à l'empereur, un septuagénaire est toujours assuré d'avoir des enfants ? Et s'il se rencontre des capitalistes assez confiants pour braver de tels risques, que d'embarras en seront la suite ! que de perturbations dans les transactions sociales ! car les hypothèques sur lesquelles ils fondaient leur confiance, et dont la survénance extraordinaire et imprévue d'un enfant opère l'anéantissement, ont pu être cédées par eux à d'autres personnes, ou offertes par eux comme le gage de diverses transactions, comme des garanties de libéralités matrimoniales, etc., etc. Et ces mêmes perturbations seront encore plus graves si, en considération de la valeur des biens donnés, on a contracté l'engagement le plus sacré aux yeux des législateurs anciens et modernes, celui qu'ils favorisent le plus, en un mot, le mariage. Une femme opulente, par exemple, déterminée par la même considération, aura épousé le donataire, et lui aura livré une dot considérable, comptant que les biens donnés serviront de garantie pour la conservation de sa dot et sa transmission à ses propres enfants ; et elle s'y sera déterminée avec d'autant moins de répugnance, que la donation aura été faite en faveur de son mariage ; que le donateur présent aura donné sa parole de ne revenir par aucun moyen contre sa libéralité, et, pour achever de la tranquilliser, se sera engagé, dans l'acte même, à répondre, comme caution, de l'exécution de cet acte.... Autrefois, le calcul de cette femme eût été juste ; les parlements de Paris et de Toulouse, dans ce cas, faisaient une exception à la règle, d'après laquelle les hypothèques établies, même de bonne foi, par le donataire, sont anéanties et les biens rentrent libres de toutes charges dans le patrimoine du donateur, par le fait seul qu'un enfant lui sera survenu, n'eût-il vécu qu'un instant..... et, en conséquence, ces parlements maintenaient en faveur de la dot et des avantages matrimoniaux de cette femme, son hypothèque sur les biens restitués, ce qui assurait son existence et celle de sa famille (Papon, *supra;* Serres, *Instit.*, édit. de 1753, p. 184). Mais cette jurisprudence, si sage, si humaine, si morale et si conforme aux intérêts de la société, offrait aux yeux de d'Aguesseau le même inconvénient que les modifications précédemment exposées ; elle n'était pas en complète harmonie avec son principe chéri, avec cette condition, *si liberos non habuerit*, supposée inhérente à toutes les donations d'hommes sans enfants : elle dut donc lui déplaire, et, par suite, aux auteurs du Code civil, et ils la proscrivirent formellement par les articles 43 de l'ordonnance de 1731 et 963 du code (1).

---

(1) Elle a, au contraire, été maintenue par le code des Deux-Siciles, bien que, quant à la révocation, en général, on y ait suivi le système de notre code (*Concordance des codes civils*, Introduction, p. xxij; et texte, p. 51 et 52).

De cette décision importante nous pouvons induire que les rédacteurs du code des Deux-Siciles n'ont pas été frappés de l'inconvénient principal, à raison duquel nos honorables et savants traducteurs approuvent la révocation pour survenance d'enfants, savoir que dans le cas où on la supprimerait, un donateur serait obligé de rester célibataire, ou bien

Et tout cela, nous le répétons, car on ne saurait trop y insister, pour procurer une plus grande fortune à un enfant dont la naissance, si elle n'est pas supposée, aura été amenée par les combinaisons les plus scandaleuses!

Telles sont, messieurs, les observations par lesquelles nous essayons de justifier, auprès des magistrats napolitains, traducteurs de plusieurs de nos opuscules, notre sentiment sur la loi relative à la révocation des donations pour survenance d'enfants. Elles sont le fruit d'une conviction profonde et réfléchie; nous espérons qu'elles seront accueillies avec indulgence.

---

aurait la douleur de voir ces enfants *survenus*, privés de sa fortune. Mais d'une part, les enfants ne seraient point alors privés de fortune, on l'a dit; et de l'autre, il serait probablement heureux, pour un donateur, d'être mis à l'abri des viles intrigues par lesquelles on l'entraînerait à s'engager dans les liens du mariage, liens dont son âge devrait au contraire l'éloigner.

Nous saisissons cette occasion pour ajouter une remarque à celle de la note 1, page 16, relativement aux *donations rémunératoires*. Le parlement de Toulouse les favorisait encore plus que le code prussien. Il les maintenait malgré la survenance d'enfants, lorsque, quant à leur valeur, elles n'excédaient pas les services rendus. (*Maynard*, liv. vj, ch. 61.)

www.ingramcontent.com/pod-product-compliance
Lightning Source LLC
LaVergne TN
LVHW010310230826
846091LV00007B/3090

9782013694933